# LE SUPPLICE

DU

# BOURREAU

SAINT-GERMAIN. — IMPRIMERIE L. TOINON ET C°

# LE SUPPLICE

DU

# BOURREAU

SOMBRE RÉCIT

PAR

ALFRED DE BOUGY

PARIS
RENAUD, LIBRAIRE-ÉDITEUR
RUE JACOB, 14

1864
Tous droits réservés.

## A L'ILLUSTRE AUTEUR

DU

## DERNIER JOUR D'UN CONDAMNÉ

C'est à vous, lutteur vaillant, que je devais la dédicace de cette petite étude *relative à une grande question qui a toujours préoccupé votre généreux esprit, et qui est à l'ordre du jour en ce moment.*

Je ne suis pas, je le sais, à la hauteur du sujet que j'ai essayé de traiter, mais si l'œuvre vous paraît faible, insuffisante, incomplète, vous applaudirez du moins, — je ne saurais en douter un seul instant, — au mobile qui me dirige.

Vous avez peint admirablement, avec la puissance intuitive de votre vaste génie, l'agonie morale du condamné, moi j'ai tenté une esquisse des tortures intimes du bourreau.

A. DE B.

Paris, juin 1864.

# LE SUPPLICE

DU

# BOURREAU

---

I

Certain soir d'été — il peut y avoir une quinzaine d'années de cela, — me trouvant à Genève, — belle et florissante capitale d'une toute petite république qui occupe une place considérable dans l'histoire, — je fus conduit au café principal du Grand-Quai, que le Rhône baigne à sa sortie du lac. J'aime ce magnifique fleuve, digne frère du Rhin, d'une affection toute particulière. Jamais je ne le revois sans émotion et ne le quitte sans regret. Mon conducteur était un jeune et laborieux artiste-peintre, de l'école qui s'intitule *alpestre,* non sans raison, et a produit les Topffer, les Diday et les Calame. Le paysagiste me présenta à un petit cercle d'habitués, tous gens de sa connaissance, et, je dois le dire, bonnes gens. On m'accueillit avec une cordialité parfaite ; — c'était, remarquez-le, longtemps avant l'époque de la réunion de la Savoie à la France. Du vin blanc d'Yvorne fut apporté en mon honneur, et on lui fit fête au milieu des nuages de fumée produits par ces longs cigares de Grandson, vulgairement appelés *queues de rat*, à cause de leur forme.

Les préoccupations politiques absorbaient alors tous les esprits d'outre-Jura : il y avait tempête dans le verre d'eau du lac Léman. Conservateurs et Radicaux se regardaient de travers ; bientôt la guerre civile allait éclater, et déjà tout faisait présager une bataille décisive, — bataille qui fut courte, mais terrible, et où la carabine suisse joua un grand rôle, comme chacun sait. La conversation des personnes qui nous entouraient était fort véhémente, et je puis dire qu'elle sentait la poudre.

Le peintre, assis à côté de moi dans un coin, remarquant mon air ennuyé me dit tout bas en souriant :

— Tout ceci, je le vois bien, ne vous intéresse guère, léger Gaulois.

— Ni vous non plus, je le parierais, lourd Helvétien...

— Pas d'injure : je suis Génevois...

— Eh bien ! je dirai : lourd Allobroge.

— Je préfère cela.

— Prenez garde, Marc, les Allobroges étaient des Gaulois...

— Ah diable ! c'est vrai. — Appelez-moi donc Helvétien, tant qu'il vous plaira.

Nous avions l'habitude de nous taquiner de la sorte, en riant; mais, au fond, Marc n'aime guère les Français, et, de mon côté, je n'éprouve pas une tendresse aveugle à l'endroit des Suisses.

— J'ai fini par prendre mon parti de *leurs* controverses tapageuses, reprit le paysagiste, je les laisse dire, je ne prête aucune attention à leurs discours, j'ai soin de m'abstraire en mes pensées. Pendant qu'ils exaltent ou dénigrent Fazy, qu'ils s'occupent du Grand-Conseil et du Petit, c'est-à-dire du pouvoir législatif cantonal et du pouvoir exécutif, j'étudie, moi, des physionomies, des attitudes, des expressions, et, le lendemain dans mon atelier, je traduis en caricatures nos politiques d'estaminet. Que dis-je?... je fais leur portrait d'un pinceau fidèle; est-ce ma faute s'ils sont parfaitement grotesques ?...

— Nous autres artistes, nous devons travailler sans relâche, observer incessamment, et souvent les heures les plus utilement employées sont celles de la flânerie, de l'inaction apparente.

— *Brigadier, vous avez raison...* Mais voyons un

peu, cher Gaulois, vous qui vous piquez d'être un observateur exercé, si vous saurez deviner *de visu* la profession de ces messieurs qui sont mes compagnons d'habitude, de hasard, plutôt que de choix et de sympathie. Commençons par ce bon gros homme à la mine essentiellement bourgeoise.

— Ce doit être un horloger.

— C'est un naturaliste ; il marche sur les traces des Saussure, des Candole, des de Luc, des Huber, des Haller, des Charles Bonnet, des Agassiz, des...

— Vous m'étonnez, jeune Helvétien, fils quelque peu dégénéré de Guillaume Tell ; cette respectable corpulence ne convient guère, ce me semble, à la profession d'escaladeur de montagnes, d'homme-chamois.

— J'en demeure d'accord. Passons à ce personnage long, efflanqué, d'une maigreur exagérée, si pittoresque, avec cet habit aux manches trop longues et ce pantalon beaucoup trop court.

— Oh! pour le coup, j'y suis : un professeur de gymnastique. Ces jambes peuvent défier, j'imagine, celles du meilleur coureur anglais.

— Ces jambes d'échassier ne courent point, elles sont enfermées de neuf heures du matin à midi, et de midi à quatre heures dans un compartiment de quatre pieds carrés, grillé comme une volière. Ce monsieur est le teneur de livres et le caissier d'un de nos banquiers millionnaires.

— Je ne m'en serais pas douté.

— Et ce petit vieillard guilleret, vif comme un écureuil, grimaçant comme un singe, babillard comme un perroquet et qui est de première force sur le calembour...

— Un journaliste de l'école du *Charivari* ou du *Figaro* ?

— Vous n'y êtes pas. Ce personnage, qui n'a point du tout l'air sérieux, ne laisse pas d'être un docte professeur de notre Académie, un savant en *us* très-versé dans la philosophie allemande et comprenant parfaitement tous ces profonds rêveurs germaniques qui ne se sont jamais bien compris eux-mêmes...

— Assez, restons-en là, de grâce !

— Non, poussons jusqu'au bout l'épreuve... Et cet homme à la mise correcte, à la physionomie froide, immobile, impassible, — une vraie physionomie génevoise, — qui parle peu et pourtant, j'en réponds, ne pense guère?

— Ce doit être un horloger celui-ci.

— A la bonne heure, — sans calembour, — vous avez deviné, cette fois. Pour terminer, que dites-vous de ce monsieur d'une quarantaine d'années, à la haute stature, aux larges épaules, à la voix de basse, à la barbe et aux moustaches épaisses d'un blond ardent, aux grands yeux bleus, au front découvert, au regard perçant?

— C'est, j'imagine, un militaire; peut-être un colonel fédéral. Ses yeux sont beaux, mais ils ont par moments une étrange expression : farouche, sombre et rêveuse tout à la fois.

— M. Steinmeyer[1] fut soldat, simple soldat jusqu'au moment où... Je n'ose achever... Aimez-vous les émotions fortes?

— Oui, mais je préfère les douces.

— Êtes-vous au-dessus des sots préjugés, des frayeurs bêtes du vulgaire?

— Inutile de me le demander.

— Eh bien, mon cher, sachez que, tout à l'heure, vous avez échangé une poignée de main, causé et trinqué avec... un bourreau..., le bourreau de Neuchâtel, qui est un de mes meilleurs amis, un des hommes pour lesquels je professe le plus d'estime, une nature d'élite, une âme exceptionnelle, un cœur d'or... Si je ne me trompe, vous avez puisé dans son porte-cigares.

— Que me dites-vous là! m'écriai-je, quoi! c'est...

---

[1]. Ce nom n'est point de fantaisie. Il jouit d'une parfaite honorabilité en Suisse.

Non, non ! je ne saurais le croire. Encore une de vos *charges*.

— Vous changez de couleur, vous pâlissez... Oh ! je m'y attendais. Cela n'a rien, vraiment, qui m'étonne.

— Quelle abominable plaisanterie !... un bourreau ? Vous l'ami d'un bourreau ?... Allons donc ! c'est impossible...

— M. Steinmeyer l'est positivement. Je ne lui connais pas d'autre défaut et, comme la plupart de mes concitoyens, j'ai fini par le lui pardonner tout à fait, par n'y plus penser. — Un défaut dont il brûle de se corriger.

Je m'étais levé et je passais mon mouchoir sur nom front moite.

— Il fait trop chaud ici, dis-je, et la lumière du gaz me fatigue les yeux. Allons prendre l'air sur le quai. Venez.

— A d'autres, répliqua le peintre Marc. Ce n'est point la chaleur, ce n'est point le gaz qui vous incommodent en ce moment : c'est la présence de mon ami le bourreau. Soyez franc.

— Eh bien, oui, je vous l'avoue. Je ressens un malaise que je n'avais pas encore éprouvé, c'est de la frayeur, du dégoût, de l'horreur. Il me semble que *votre ami* a taché de sang ma main en la serrant dans la sienne.

— Faiblesse ! pusillanimité ! — Si l'on admet, en

principe, la peine de mort, un bourreau n'est pas plus un être à redouter, à fuir, après tout, qu'un destructeur patenté de loups, de tigres, de vipères et d'autres bêtes malfaisantes.

— Ce ne sont pas seulement les meurtriers, les assassins qui passent par les mains du bourreau. Bien des apôtres de la liberté, de l'humanité, du progrès, des lumières, de la raison, de la vérité, ont péri et périront sur l'échafaud. Et voilà pourquoi un bourreau me fait horreur. C'est le premier soldat du despotisme. Je suis l'ennemi déclaré de la peine de mort... et vous aussi, vous l'êtes, sans doute...

— Et Steinmeyer aussi l'est.

— Lui?... Il se pourrait?

— Un hasard propice vous offre en ce moment l'occasion d'essayer une curieuse étude psychologique. Croyez-moi, ne la laissez point échapper et surmontez votre répugnance. Comme le prosecteur, le littérateur doit savoir braver l'aspect repoussant et l'odeur méphitique des cadavres. Il y a de l'anatomiste dans le romancier.

Nous nous rassîmes. Je vidai d'un trait mon verre que le bourreau venait de remplir, et j'allumai bravement mon cigare au sien.

— Bien! dit Marc, vous vous aguerrissez!

## II

Le naturaliste, l'employé, le savant et l'horloger étaient gens mariés, patentés et rangés. Au premier coup de dix heures sonnant au campanile du Molard, ils prirent leurs chapeaux et se retirèrent en bon ordre. Le cercle se rétrécit et je vous laisse à penser quelle fut ma frayeur, mon épouvante, — je me trouvais entre mon ami le peintre et l'exécuteur des hautes-œuvres!... Marc souriait méchamment, et jouissait de mon trouble mal dissimulé ; quant à Steinmeyer, le coude appuyé sur le marbre de la table, le menton dans la main, le regard au plafond, il semblait perdu dans des réflexions profondes.

Le peintre alpestre le tira de sa rêverie morne.

— Voici, dit-il, un touriste français qui a ouï parler vaguement de vos malheurs. Racontée par vous-même, cette histoire serait d'un intérêt saisissant, j'en suis sûr. Voyons, cher Steinmeyer, ne vous faites pas prier. Nous vous écoutons.

— *Infandum regina...* soupira le bourreau. Ah !

que me demandez-vous là? Vous voulez donc que je rouvre et fasse saigner toutes mes blessures!

— J'aime mieux, dis-je, me passer de ce récit que de raviver le souvenir cuisant de vos douleurs, de vos chagrins.

— J'ai su me fortifier par la foi en Christ, repliqua Steinmeyer, un complet détachement des choses d'ici-bas m'aide à supporter une terrible épreuve. Je suis résigné et désormais, s'il plaît à Dieu, je ne faiblirai plus...

L'exécuteur des hautes-œuvres continua de parler du ton d'un apôtre évangélique ou d'un converti, et je compris que j'avais affaire à un fervent adepte de l'Église de M. Malan. Steinmeyer, en effet, était devenu *méthodiste*. Le peuple, en Suisse, applique, par moquerie, à cette espèce de chrétiens d'une austérité parfois exagérée, d'un puritanisme qui touche souvent à la folie, le nom de *momiers*, c'est-à-dire de faiseurs de momeries. Cette désignation ne manque pas de justesse, il faut en convenir.

Après un préambule, qui ressemblait fort à l'exorde d'un sermon, le bourreau nous raconta sa vie avec une émotion, une éloquence sans apprêt et un bonheur d'expression auquel je n'espère pas pouvoir atteindre dans ce qu'on va lire :

— Je suis originaire, dit-il, du pays de Berne, le plus grand, le plus beau et le plus riche canton de notre chère Suisse. Ma famille occupait un rang honorable si ce n'est distingué. En 1821, à l'âge de vingt ans environ, après quelques fredaines de jeunesse, épris de l'uniforme — comme la plupart de mes compatriotes le sont à l'époque de l'adolescence, — je quittai la casquette d'étudiant pour me coiffer d'un schako à cocarde blanche et noire, couleurs funèbres et de mauvais augure. C'est vous dire que je m'enrôlai dans le bataillon neuchâtelois, au service du roi de Prusse, et qui tient garnison à Berlin.

Là, je ne tardai pas à tomber amoureux d'une jeune et jolie fille dont la mère était une vieille veuve vivant, à grand' peine, d'un modique revenu.

Mon humeur fière et indépendante, la fougue de mon tempérament, la raideur de mon caractère me rendaient peu propre à supporter le joug de fer de la discipline militaire et m'attiraient fréquemment des reproches et des punitions. Le régime coercitif de la caserne, loin de me dompter, ne fit que m'exaspérer et me poussa bientôt à l'insubordination.

Certain soir, ayant oublié l'heure de la retraite, près de Salomé Hilprecht, ma fiancée, je manquai à l'appel du soir et, en rentrant, je me pris de querelle avec l'officier de service. Il eut le tort de m'injurier, et j'eus celui de le frapper... Déplorable emportement! que tu devais me coûter cher!

Je fus sur-le-champ traduit devant un conseil de guerre et condamné à mort, — comme je devais m'y attendre. La pénalité militaire est draconienne, barbare, on peut le dire, dans tous les pays qui ont le malheur d'entretenir des armées permanentes.

Le coup qui me frappait m'eût trouvé calme et résigné peut-être, ferme, du moins, dans toute autre situation de cœur et d'esprit ; mais où chercher, où trouver de la force, où puiser du courage ? J'aimais de toute l'énergie de mon âme altière et j'étais aimé... Je pleurai, je gémis, mon orgueil farouche se brisa. Je m'abandonnai au désespoir...

### III

La dynastie royale de Prusse est, vous ne l'ignorez point, souveraine du petit, mais opulent pays de Neuchâtel[1], — contrée jurassienne, helvétique par sa

---

1. Les faits racontés ici par Steinmeyer sont antérieurs aux événements politiques qui ont amené la renonciation de la Prusse à la possession d'un territoire suisse.

situation géographique, par ses origines, son histoire, son commerce, ses sympathies, et de plus française par la langue et le voisinage immédiat de la haute Bourgogne.

Le hasard étrange de circonstances politiques et religieuses, les intrigues anti-patriotiques de l'aristocratie locale, l'empire des traditions féodales et protestantes décidèrent du sort de ce canton industriel. Sa condition exceptionnelle, singulière, anormale fut, en grande partie, l'œuvre de Leibnitz. Le temps et l'habitude lui ont donné leur consécration. Neuchâtel est tout à la fois une *principauté* — où l'on parle français, qui dépend néanmoins de l'Allemagne dont elle est séparée par plusieurs cantons, — et une *république* liée à la Suisse par le pacte fédéral. Ceci constitue un fait unique en son genre.

Je reviens à mon histoire.

Le ministre de la Guerre, en présentant à la signature du roi l'arrêt qui me condamnait, rappela à Sa Majesté que, depuis longtemps, la principauté manquait d'un exécuteur des hautes-œuvres, — une monarchie absolue ne saurait se passer de bourreau ! — car on n'avait pu trouver aucun Neuchâtelois qui voulût remplir ce terrible office. En conséquence, il sollicita et obtint aisément ma grâce..... que dis-je !...

la commutation de ma peine. On me laissa la vie à la condition que j'embrasserais la profession de bourreau.....

J'acceptai sans balancer, — vous devinez pourquoi.

Tenais-je à l'existence pour elle-même ? — Non, messieurs, mais pour Salomé Hilprecht, la jeune fille naïve, douce et affectueuse, aux prunelles plus bleues que l'eau profonde de nos lacs, aux cheveux plus dorés que les blés murs de la vallée d'Avanches. J'aurais pu me résoudre à périr avec elle et même me trouver heureux dans ce malheur commun, mais mourir seul... la laisser sans soutien en ce monde mauvais... plutôt me faire bourreau, tueur agissant de par la loi ; plutôt encourir et braver la réprobation publique.

Me voilà donc exécuteur en titre. On me fait promettre solennellement que je ne chercherai point à me soustraire par la fuite à ma nouvelle condition et je suis conduit en Suisse.

Désormais je ne m'appartiens plus. Le soldat obtient son congé, le bourreau jamais ! Me voilà transformé en instrument de mort, en machine de supplice. On va trembler à ma vue, fuir ma présence, éviter mon contact. On s'entredira tout bas en me jetant un regard oblique :

— « C'est lui !... l'homme qui tue !... l'homme

au cimeterre !.. l'homme au rouge manteau !.. horreur !.. »

Je vivrai hors de la ville, sans voisins, sans visiteurs, dans un isolement sinistre, comme un paria, comme un maudit, comme un pestiféré, comme le déplorable *lépreux* de Xavier de Maistre.

La fumée qui s'échappera de mon toit redouté épouvantera les passants attardés. Ils se détourneront, en chancelant de frayeur, du sentier conduisant à la demeure de Steinmeyer le bourreau... Est-ce un rêve ?.. Non, non !.. horrible réalité, destinée atroce !

— Après tout que m'importe !.. Le commerce des hommes est-il donc chose si regrettable ? — Je me ferai un doux intérieur, je posséderai, dans une retraite à souhait, la femme aimée, la femme aimante. Elle sera ma joie, ma consolation, ma force, et je m'appliquerai à la rendre heureuse... heureuse ?.. dérision ! Elle aura sa part de ma réprobation, on la saluera de ce titre digne d'envie : *femme du bourreau !* Elle ?.. ma Salomé ? oh ! cela ne se peut. — Jamais ! jamais ! — *femme du bourreau ?..* cet ange ? — Je n'y avais pas songé...

Ma tête se troubla, j'eus une sorte de vertige, il me sembla que je devenais fou. Mes dents grincèrent de fureur, mes muscles se tordirent, un anathème à l'adresse de l'humanité, de la royauté et de la divinité me vint aux lèvres... Puis je tombai dans un morne accablement.

Prêt à franchir le seuil du pénitencier militaire un moment je m'arrêtai, l'œil hagard, le front plissé, et si l'on ne m'eût entraîné je serais rentré en criant :

— « Non, non ! je refuse ! qu'on me fusille à l'instant ! — Je préfère la mort !

## IV

Mais cette défaillance morale fut de courte durée.

L'air libre du dehors me fit du bien, le soleil ranima tout mon être engourdi, glacé par l'atmosphère humide de la prison; les senteurs odorantes de la nature épanouie, les rêves de l'amour emplirent mon cerveau et en chassèrent soudain les noires pensées. L'illusion fit miroiter ses prismes décevants et je courus chez ma fiancée. Elle était dans les larmes, courbée sous le poids d'une douleur au-dessus de ses forces. Sa mère, qu'elle aimait autant qu'on peut aimer, son excellente et digne mère, se mourait du mal irrémédiable de la vieillesse et Salomé, qui ne m'avait pas vu depuis deux mois, savait ma faute et la condamnation qui en avait été la conséquence.

Elle ignorait le reste...

— « Libre ! me voilà libre ! m'écriai-je en entrant avec impétuosité. »

Salomé tomba dans mes bras, sans voix et comme pâmée sous le coup de ce bonheur si brusquement annoncé ; mais elle se remit bientôt de son saisissement, et prenant ma tête dans ses deux mains tremblantes :

— « Oh ! j'espérais encore... j'espérais toujours dit-elle, je ne pouvais me croire abandonnée à ce point de Dieu, de la Providence, et livrée à une fatalité si terrible, si peu méritée, j'ose le croire. Une sorte de pressentiment tempérait mon chagrin, mêlait quelque adoucissement à ma désolation. Je pensais que tu obtiendrais ta grâce... Il est si bon, si humain et clément notre roi ! »

— Oui, tu dis vrai, fis-je avec un ricanement sardonique. Il est bon, clément et humain... tu vas en juger. »

Nous nous étions assis, la main dans la main, au chevet de la chère dame Hilprecht qui nous contemplait avec des larmes dans ses yeux à demi-éteints, et un pâle sourire aux lèvres. — Ses dernières larmes, son dernier sourire.

Un moment après, la vieille mère s'étant assoupie, nous passâmes dans la pièce voisine. Aussi bien il ne convenait pas qu'elle entendît la fin de notre entretien. Je devais épargner à son agonie un désespoir affreux. Elle s'est éteinte en un sentiment de joie et d'espérance, la pauvre femme... L'illusion lui a fermé les yeux.

— « Ah! la *clémence* royale... la *clémence* royale! dis-je, avec une ironie amère, une fureur contenue. Je ne sais si je dois la bénir ou la maudire.

— Quel étrange langage! s'écria Salomé en attachant sur moi son limpide regard où se réflétait l'étonnement mêlé à l'inquiétude.

— Écoute, mon enfant, repris-je... mais non, j'ai pitié de toi, je me tairai... cela vaut mieux.

— Te taire, ami?... oh! ces réticences me font peur! que se passe-t-il donc? parle, je t'en conjure au nom de notre amour.

— Tu ne te doutes pas, continuai-je d'un accent entrecoupé, d'une voix brisée par l'émotion, tu ne te doutes guère, ma Salomé, du prix de cette grâce, de l'atroce condition que l'on a mise à mon élargissement, à ma liberté... dérision! Est-ce que je serai libre désormais?

— Tout à l'heure tu me faisais peur, ami, maintenant tu m'épouvantes! De grâce, abrége ce supplice.»

Je fis un effort violent et dis :

— Eh bien! sache qu'on me laisse la vie à la condition que je la consacrerai au meurtre.

— Au meurtre? je ne comprends pas. Au meurtre?...

Blême, tremblante, elle me considérait d'un air anxieux et comme si elle eût craint pour ma raison.

— O bien-aimée! criai-je, si tu me fuis, si tu me repousses avec effroi, ce sera pour moi le comble de la misère... que deviendrai-je?

— Jamais, dit-elle en rejetant ses bras à mon cou, moi, te fuir, moi, te repousser? Fusses-tu criminel, fusses-tu frappé par la justice des hommes et même par celle de Dieu, je sens que je ne le pourrais pas.

— Tu me donnes du courage, dis-je, mais toi... en as-tu assez pour m'entendre?

— Oui. Dis-moi tout, qu'attends-tu? Oh! parle...

— Eh bien, articulai-je d'un ton plus ferme, en me dégageant de son étreinte, je me suis endormi condamné à mort et voilà que je me réveille gracié, mais... BOURREAU!... »

Salomé Hilprecht avait trop présumé de ses forces ; elle poussa un cri déchirant et tomba comme anéantie.

En cet instant parut une charitable voisine qui prodiguait des soins et de chrétiennes consolations aux deux malheureuses femmes, je lui montrai Salomé, sans proférer une parole, et sortis avec précipitation, dans un désordre de pensées et de sentiments plus facile à deviner qu'à décrire, anhélant, égaré, frénétique, hagard, partagé entre une douleur sans égale et une rage capable de toutes les violences. Où allai-je?... impossible de me le rappeler. Tout ce dont je me souviens, c'est que j'errai à travers la campagne, la nuit, comme un spectre de damné. Je songeai dans ma folie au suicide, mais l'image de Salomé, une douce et souriante image, s'interposant soudain, chassa les mauvaises suggestions...

Je finis par tomber en une complète prostration, comme après les surexcitations enfiévrées de l'ivresse. Je me résignai à la vie. — C'était me résigner à la honte, à la réprobation, à l'aversion de mes semblables, au malheur, à la plus cruelle, à la plus implacable des fatalités.

## V

A quelque temps de là, j'étais installé à Neuchâtel dans une petite habitation isolée, agreste et charmante, au-dessus de la ville bâtie en pierres d'un jaune d'ocre, et formant un bel amphithéâtre aux flancs du Chaumont, montagne jurassienne. Au bas s'étend la nappe glauque d'un lac d'environ dix lieues de longueur, sujet à de violentes bourrasques et où la navigation présente plus de dangers que sur le Léman.

Le château fort des anciens comtes souverains, — d'une structure éminemment féodale, d'une physionomie imposante, — une noire tour carrée du temps des Romains et une gothique église, — où prêcha le véhément Guillaume Farel, un des premiers apôtres de la Réforme, l'ami de Calvin et de Théodore de Bèze, — dominent l'aristocratique cité, si paisible, si profondément assoupie qu'on est tenté, au premier coup d'œil, de la croire morte. Ma modeste demeure était voisine de l'endroit qu'on appelle le Tertre; de ce point élevé, quel splendide tableau ! — Au premier plan, la ville qui, par une pente rapide, descend au rivage ; au second, le lac à la teinte d'outremer, azurée ou verdâtre, selon le temps ; au troisième, le bord opposé qui dépend des cantons de Vaud et de Fribourg, les sites riants de Cudrefin, les falaises sablonneuses de Port-Alban ; à l'horizon enfin la grande chaîne, aux cimes neigeuses et découpées, des alpes helvétiques, de l'Oberland bernois et de la romantique vallée de la Gruyère où la trompe rauque des pâtres sonne le *ranz des vaches* dans les rochers et dans les forêts de mélèzes, au bord de la Sarine et de l'Aar écumeux, au fond des solitudes empreintes d'une poésie austère, grandiose et sauvage...

Quel ravissement extatique en face de cette nature d'une beauté sans pareille si j'eusse pu arracher le voile de sombre mélancolie à travers lequel je voyais toutes choses, par le fait de mon abominable condition ! Je suis donc bourreau ?... bourreau jusqu'à mon dernier jour ? Libre ! j'aurais aimé cette retraite, mais elle m'était odieuse parce qu'on me l'imposait...

Ici j'interrompis le narrateur en lui adressant cette question :

— Pardon, monsieur Steinmeyer, vous avez omis un point essentiel de votre histoire, qui, en vérité, m'attache, m'émeut, me touche plus que je ne saurais vous le dire. Quel fut le sort de Salomé ? Vous suivitelle, se dévoua-t-elle à vous, partagea-t-elle stoïquement votre lamentable destinée? Il me tarde de savoir ce que devint la charmante berlinoise.

— Cette demande est bien d'un Français, répliqua Steinmeyer. Dites-moi, monsieur, croyez-vous au dévouement de la femme?

— Je ne l'ai point encore mis à l'épreuve, pour ma part. Comment pourrais-je vous répondre?

— Allez en Allemagne, dit Steinmeyer, et vous *croirez* bien vite. Nos Allemands n'ont pas en partage, j'en conviens, la vivacité agaçante, la désinvolture gracieuse et coquette de vos Françaises — ou, pour mieux dire, — de vos Parisiennes, mais elles valent mieux, ne vous déplaise : ce sont des cœurs d'or, incapables, en général, de tromperie, de trahison, d'infidélité; ce sont des âmes tendres, ingénues, droites et sûres. Elles réalisent l'idéal le plus accompli de l'amante et de l'épouse. Leur affection un peu rêveuse, leur bonté angélique, leur douceur, leur patience, leur abnégation ne se rebutent pas facilement aux maux et aux difficultés de l'existence en commun, de la vie domestique. Salomé Hilprecht, — qui était Allemande dans l'acception la plus large, la plus complète du mot, — ne songea pas un seul instant à séparer son sort du mien, à m'abandonner à ma funeste

étoile. Puisant une énergie toute virile dans son amour profond, elle me promit de lutter contre l'infortune, d'être vaillante, — et elle tint parole jusqu'au jour trois fois malheureux où... déchirant souvenir !...
O Salomé ! ô douce et chère compagne, toi qui poussas l'affection jusqu'à l'héroïsme, pourquoi ai-je accepté le sacrifice que tu m'as fait de ton repos, de ton bonheur, de toutes les joies de la jeunesse !...

Steinmeyer cacha sa tête dans ses mains et s'abandonna aux sanglots.

Cette nature forte, énergique et fière en proie à une pareille douleur, à un si complet abattement, présentait un navrant spectacle.

Les larmes de l'homme sont bien plus touchantes que celles de la femme. L'homme qui pleure, c'est la suprême image de la douleur.

## VI

Pendant les six premiers mois de notre union nous eussions été parfaitement heureux sans les appréhensions terribles qui ne pouvaient manquer de troubler, d'empoisonner, par instants, les ineffables et saintes ivresses de la lune de miel...

Les ravissements d'une affection partagée, les transports de la possession mutuelle, le calme parfumé de notre retraite, le spectacle d'une des plus merveilleuses contrées de la terre, une atmosphère aussi saine pour l'âme que pour le corps, tout faisait de moi un être nouveau.

Je dépouillais ma brutalité native, je m'attendrissais, je rêvais, je devenais meilleur. Le sentiment poétique et religieux, qui, auparavant, était pour moi lettre close, me pénétrait. L'idée du lendemain me troublait moins, me causait moins d'effroi, j'oubliais presque l'odieuse profession dont je n'avais pas encore fait le redoutable apprentissage.

Vous avez sans doute navigué sur nos lacs féeriques au temps de l'équinoxe. Le ciel et l'eau rivalisent de limpidité, de sérénité profonde. Les montagnes, les collines, les rochers du bord ont des teintes, des nuances, des tons qui défient les pinceaux les plus délicats; vous laissez votre yole cingler en se penchant gracieusement sur la vague cristalline. Un léger souffle pousse la voile triangulaire, vous vous abandonnez tout entier au charme vague d'intraduisibles sensations... Mais voilà que de gros nuages cotonneux, chargés d'électricité, envahissent le ciel, un vent violent souffle des gorges du Jura ou des vallées des Alpes, soudain le lac réveillé en sursaut s'émeut, s'agite convulsivement, de grosses lames *moutonnent*, se poussent, se précipitent en désordre et ballottent votre frêle coquille de noix. Alerte! vous êtes en danger de sombrer, de périr... Vous enroulez précipitamment la voile latine et vous faites force de rames. Adieu les songes, les enchantements, la rêveuse et extatique paresse. Il y va de votre vie, vous voilà aux prises avec une réalité menaçante.

Un matin, pendant que je fumais insoucieusement ma pipe dans mon verger, pendant que Salomé, fraîche et rose sous un grand chapeau de paille, faisait sa récolte de cassis et de groseilles, on me remit un pli officiel qui fut pour moi la tourmente en plein calme. Un misérable venait d'être condamné à mort... Il s'agissait de répéter mon affreux rôle à huis clos avant de paraître en public, d'exercer un main novice et tremblante. Il fallait que je montrasse à la foule avide d'émotions épicées un bras et un cœur également fermes. Et puis l'humanité et la loi me faisaient un devoir de ne pas faiblir, surtout de ne pas manquer de force et d'adresse...

Je doute que le condamné ait eu un sommeil plus

agité, plus tourmenté, plus fébrile que celui du bourreau, la nuit qui précéda l'exécution. Salomé dissimula ses agitations intérieures, montra en cette terrible circonstance une énergie factice et m'exhorta, en refoulant ses larmes, à faire bonne contenance.

Quelle épreuve, grand Dieu ! quelle épreuve, surtout quand l'habitude n'est pas venue endurcir le cœur, assurer la main, émousser la sensibilité !

Ma femme ne se démentit point au dernier moment, elle fut vraiment admirable. Quand, couvert du hideux manteau écarlate, précédé d'un aide qui portait solennellement le sabre large et tranchant, je partis pour faire mon horrible besogne, gagner mon détesté salaire, elle eut le rare courage de prendre mon bras, de s'y appuyer, de m'accompagner jusqu'à la route, de me réconforter par de bonnes et touchantes paroles. En me quittant, elle me donna un long baiser de ses lèvres blanches et froides comme celles d'une morte. Elle avait compris, grâce au merveilleux instinct de l'amour, qu'en étant faible elle eût ajouté à ma faiblesse... J'ai su qu'après mon départ sa fermeté d'emprunt l'avait complétement abandonnée.

Navré, frissonnant, chancelant, ivre d'effroi, la rage et la désolation au cœur, maudissant le ciel et la terre, Dieu et les hommes, je descendais vers la ville... Ce qui se passait dans ma pauvre âme n'a pas de nom...

A peu de distance du lieu de l'exécution, craignant de tomber en faiblesse j'entrai dans une *pinte* [1], et je vidai d'un trait une bouteille de vin blanc d'Auvergnier. L'excitation nerveuse qui résulta de cette copieuse libation agit fortement sur mon cerveau, et... je pus accomplir ma détestable tâche...

J'interromps un moment ce récit pour vous apprendre comment se font les exécutions capitales au moyen du glaive : le patient s'assied sur une chaise à dossier très-bas ou sur un tabouret ; on lui ôte sa cravate, on coupe le col de sa chemise et on le coiffe d'un bonnet qui lui couvre entièrement les yeux. L'exécuteur saisit alors le sabre creux, en forme de grande faucille, contenant une certaine quantité de mercure, lequel précipité vers le bout de la lame par le mouvement horizontal qu'on lui imprime, ajoute considérablement à la force d'impulsion.

Le damas inspire, sans contredit, moins d'horreur que le couperet de la guillotine, mais pour le manier, il faut, de toute nécessité, joindre la force à l'adresse.

— Je calculai le coup d'un regard sûr, continua Steinmeyer, puis, sans hésitation aucune, je fauchai

---

1. Le cabaret est ainsi appelé en Suisse.

d'un bras vigoureux une créature de Dieu, laquelle, en dépit de sa dépravation, était peut-être susceptible d'amendement, de repentance...

Oh ! la peine de mort[1] !...

. . . . . . . . . . . . . . .

. . . . . . . . . . . . . . .

Le sang du misérable assassin jaillit sur mon manteau écarlate que je dépouillai rapidement et jetai à mon valet...

Je repassai par le cabaret où je bus encore une bouteille de vin blanc... La servante m'ayant présenté du rouge, je le repoussai avec épouvante... comme si elle m'eût offert du sang ! A dater de ce jour néfaste je devins buveur. Ce n'est que depuis peu que j'ai cessé de l'être.

De retour au Tertre, je trouvai ma bonne Salomé en prières. La pauvre femme avait pleuré toutes ses larmes pendant mon absence. Son premier mouvement fut de se précipiter dans mes bras, mais presque aussitôt l'effroi la saisit, elle frissonna, pâlit, chancela, me repoussa et s'affaissa sur elle-même.

1. Le narrateur place ici une tirade qui ne manque pas d'éloquence, *contre* la peine capitale. Comme il y aurait danger pour nous à laisser traiter dans ce livre une grave question du domaine de l'économie sociale, nous supprimons, mais non sans regret, tout un passage du récit.

Oh! ce que j'éprouvai en cet instant n'a pas de nom, ne se peut exprimer. — Ma femme avait peur de moi!... Tout son amour — un amour passionné — était vaincu par un sentiment de juste horreur. Je devais m'y attendre, ne pas m'en étonner, mais ma peine fut cuisante et, pris d'un accès d'égarement, d'une sombre fureur, je la laissai et courus m'enfermer dans mon laboratoire funèbre, au fond du jardin. Là, je restai jusqu'au soir, immobile, stupéfié, la tête dans les mains, inerte, anéanti. Quand cet abattement eut cessé, il se fit en moi une réaction complète. Brûlé par la fièvre, j'allai me plonger dans l'eau d'une source très-froide qui filtre d'un rocher. Je reparlerai tout à l'heure de cette fontaine. J'avais beau me laver je voyais toujours du sang sur mes mains et sur mes bras. — Je me causais à moi-même un effroi indicible. C'était à devenir fou !

La durée des secousses morales, des agitations de l'âme est, d'ordinaire, en raison inverse de leur intensité, de leur violence. La réflexion me vint en aide et m'apporta un peu de calme, de soulagement.

Que suis-je?... que suis-je après tout?—pensais-je.— Une machine, un instrument de mort, un sabre, qui, sans la main qui le manie, ne pourrait frapper, tuer personne. L'arrêt du tribunal criminel, la sentence rendue c'est la main, c'est le moteur. A la main donc toute la responsabilité du sang répandu !... oui, à elle seule ! — Je mérite la pitié des hommes, non leur exécration, car il faut bien que j'obéisse à la fatalité terrible qui m'a saisi, me tient et ne veut plus me lâcher.

Le bourreau — lui aussi — est un patient... un patient dont le supplice peut durer de longues années.

Oh ! plaignez-le !

## VII

Derrière les touffus arbustes de mon jardin, sur la lisière des bois qui couronnent le Chaumont escarpé, il y a une logette d'antique structure adossée à la partie intérieure du mur d'enclos et entièrement couverte de clématites, de volubilis, de houblon, de lierre, de vigne vierge, de jasmin et de chèvrefeuille emmêlés. Ce lieu retiré, ombreux, abrité, semble fait pour un songeur, pour un poëte ; il est plein de mystère et de fraîcheur, nul bruit n'y arrive et tout y respire le calme et le recueillement. Une fontaine, si limpide que la truite pourrait y vivre, se déverse par deux jets égaux dans un bassin de tuf, large et assez profond. Entre la porte du pavillon et le bassin il y a un banc de pierre envahi par la mousse et une table basse, également de pierre. Un grand catalpa couvre le réduit que j'ai profané et souillé, dont j'ai fait un lieu sinistre, redoutable et maudit, un lieu d'horreur... La logette se compose d'un rez-de-chaussée humide et sombre surmonté d'une sorte de grenier où j'ai installé ma bibliothèque. Il faut vous dire que j'aime avec passion les livres, surtout ceux de science. Je cultive avec assez de succès la botanique, la chimie, la médecine et la chirurgie.

L'endroit plairait, en été, à quiconque ignorerait quel homme le fréquente et ne se douterait pas des choses qui s'y passent. Entrons dans mon funèbre laboratoire ; venez visiter mon effrayante collection.

Des toiles d'araignées couvrent les vitres et rendent le jour terne, une odeur de moisissure se fait sentir. C'est l'atmosphère des caveaux mortuaires, des cryptes sépulcrales. Ces crânes jaunâtres, alignés sur cette tablette de sapin brut, par rang d'ancienneté, représentent mes victimes... c'est-à-dire celles du tribunal de la principauté. Regardez... il y en a cinq. Je les ai nettoyés, dépouillés, sur la dalle de pierre, la table de dissection ; je les ai lavés avec soin dans la source, dont l'ondine épouvantée s'est enfuie pour toujours. Sur ce vieux bahut sont des instruments de chirurgie et d'anatomie : scalpels, pinces, scies, crochets, tenailles, couperets, lames tranchantes, pointes acérées. Ouvrons cette armoire... elle renferme le grand damas creux, *le glaive de la justice*, soigneusement enduit de graisse pour qu'il soit garanti de la rouille. Nulle créature humaine ne fut jamais introduite en ce lieu par moi si ce n'est le *valet de ville*, autrement dit *l'exécuteur des basses-œuvres*, celui qui m'aide dans mon cruel métier, celui qui est sous mes ordres immédiats, l'homme chargé, en outre, de faire certaines annonces publiques au milieu des carrefours et d'abattre les chiens errants.

Ma femme se tient toujours à distance du pavillon, elle a soin d'en détourner ses regards, car elle a deviné ce qu'il renferme. — Grâce à Dieu, les crimes entraînant la peine capitale sont rares dans nos cantons évangéliques, où le niveau moral et intellectuel s'élève bien au-dessus de celui des contrées environnantes, c'est vous dire que le terrible sabre ne sort du fourreau qu'à de longs intervalles ; mais si longs qu'ils soient je les trouve trop courts... Au rebours des collectionneurs ordinaires, je n'augmente qu'à regret ma collection de crânes humains...

Jamais il ne m'arrive de lever *le glaive de la vindicte publique* sans protester au fond de ma conscience contre l'acte effroyable que l'on me force d'accomplir, sans implorer la miséricorde de Dieu dans mon cœur navré, et sans dire à ma victime d'une voix tremblante et les larmes aux yeux : — « Frère en Christ! embrasse-moi... il me serait cruel de penser que tu vas mourir dans des sentiments de haine et de rage... Tu vivrais si cela dépendait de ma volonté. — Crois-le bien : je maudis, j'abhorre le salaire du sang, et c'est à mon corps défendant que je pratique le meurtre. — Malheureux! pardonne à un malheureux ! »

Après cela, il me semble que les orbites creux de ces têtes de suppliciés, réunies dans mon pavillon, me regardent sans colère, sans ressentiment et comme avec une sorte de compassion douloureuse.

Pas plus que moi, mes confrères des cantons suisses du voisinage ne se soucient d'endosser l'horrible manteau rouge devant leurs concitoyens ; ils ont soin de se remplacer à tour de rôle. Ainsi, d'ordinaire, quand il s'agit de faire une exécution à Neuchâtel, je prends pour remplaçant le bourreau de Berne, de Lausanne ou de Soleure, quitte à aller remplir son office à la première réquisition. Par là, les gens au milieu desquels nous vivons, oublient presque notre détestée profession et redoutent moins notre contact, notre commerce.

## VIII

Un matin du mois d'août — je ne vous dirai pas de quelle année, car je l'ai complétement oublié — j'entendis sonner à notre porte, — chose rare, vous comprenez pourquoi ! — et ce bruit insolite me fit frissonner, blêmir, trembler, couvrit mes membres d'une sueur froide et remplit mon âme d'angoisse. — Y aurait-il du nouveau, pensai-je, viendrait-on me dire de me tenir prêt?...

Surmontant mon trouble, j'allai ouvrir. C'étaient des étrangers, des voyageurs : un homme, jeune encore, à redingote garnie de brandebourgs, boutonnée jusqu'au menton, à l'allure raide, militaire et aristocratique, décoré de l'ordre prussien. Ce personnage précédait un domestique en livrée et un postillon, lesquels portaient avec précaution une jeune dame ensanglantée et évanouie.

— Monsieur, — me dit ce visiteur inattendu, d'un accent allemand très-prononcé, — je viens réclamer votre assistance, faire appel à votre humanité et vous prier de nous recevoir chez vous, au moins pour quelques instants, le temps de descendre à la ville, d'aller quérir un médecin. Les chevaux de notre chaise de poste se sont emportés au sortir du Val-de-Travers et nous avons été jetés rudement contre un rocher. Ce ne serait rien si ma femme n'avait été blessée à la tête... Votre maison est la seule que nous ayons aperçue à peu de distance du lieu de l'événement. Les Neuchâtelois sont de bonnes gens et de fidèles sujets de notre roi. J'ai pensé qu'ici on s'empresserait de nous venir en aide.

— Vous ne vous êtes point trompé, monsieur; repliquai-je. Veuillez entrer. Disposez de moi et de ma pauvre demeure, mais... si vous saviez en quel lieu un hasard étrange vous amène... Ah! vous frémiriez!

Je m'arrêtai. Le voyageur me regardait avec étonnement et inquiétude.

— Il ne faut pas, repris-je bien vite, que je vous laisse dans l'ignorance où je vous vois. Apprenez, monsieur, que l'endroit est redouté et redoutable. Depuis cinq ans que nous l'habitons, vous êtes la seule personne qui soit venue y demander l'hospitalité.

— Je devine...

— Non, monsieur, vous ne le pouvez pas.

— Une maladie contagieuse ou repoussante règne ici sans doute...

— Oh! c'est pis. — Vous vous adressez au... bourreau de Neuchâtel. Le voici. Oserez-vous franchir son seuil... l'oserez-vous?

En parlant de la sorte, je regardais fixement l'étranger stupéfait. Je m'attendais à lire dans ses yeux la frayeur et la répulsion, je n'y vis que la compassion et la surprise.

— Quoi! te voilà donc, mon pauvre Steinmeyer! s'écria-t-il d'une voie émue. Ne me reconnais-tu pas? Je suis le colonel Von Rauchnitz, autrefois ton capitaine. Je suis la cause du rigoureux jugement rendu contre toi. Que de fois j'y ai pensé avec regret, avec chagrin!...

— Colonel, dis-je, ce n'est qu'à ma mauvaise tête, à mon insubordination que je dois imputer le malheur terrible qui m'a frappé. J'ai commis un acte d'emportement aveugle, insensé, j'ai enfreint la discipline militaire en portant la main sur vous... sur vous, mon supérieur. J'en subis aujourd'hui la peine. Je n'ai plus rien à attendre désormais de la vie. Mon sort, hélas! est à jamais fixé.

— Oui, Steinmeyer, tu t'es rendu coupable d'une

faute grave, — au point de vue de la hiérarchie, — mais, suis-je exempt de tout reproche, moi qui connaissant ton caractère irascible, peu souple, peu endurant, t'ai poussé à bout, t'ai injurié, t'ai blessé dans ta dignité d'homme... d'homme né libre? — Ah! je confesse mon tort et j'en gémis... Tu es bourreau, — ce qui, après tout, n'empêche pas d'avoir de la générosité, de la bonté, de la charité. — Allons, venge-toi du mal que je t'ai fait, l'occasion s'en présente... Saisis-la.

— Osez-vous bien me tenir ce langage qui m'offense?

— Tu ne me comprends donc pas? Venge-toi en secourant ma chère Molly, en nous recevant dans ta maison jusqu'à ce qu'on puisse amener un médecin ou transporter ma femme à la ville.

— Je pratique la médecine et la chirurgie avec quelque succès. Fiez-vous à moi, colonel, je réponds de tout... Pour racheter les homicides qu'on m'oblige à commettre, je m'efforce de pratiquer le bien, et cette main, qui tranche des existences, verse, plus souvent, Dieu merci! du baume sur les plaies de mes semblables. — Je tue quelquefois, hélas! mais, en revanche, je fais vivre, et, pour que l'expiation soit complète, je n'ai garde d'exiger un salaire de ceux que je rends à la santé.

— Noble cœur ! s'écria Rauchnitz. Ah ! je t'admire.

Et il me tendit la main ; mais, bien qu'elle fût gantée, je retirai vivement la mienne par un sentiment qu'il parut comprendre et approuver. Je surpris dans ses yeux une larme d'attendrissement.

— Entrons, dit le colonel, et à l'œuvre au plus vite ! J'espère que l'évanouissement va cesser et que cette blessure n'a rien de grave. Pas un mot, Steinmeyer, pas un mot devant ma femme... Tu m'entends !

— Soyez sans crainte à cet égard... Je ne veux pas mettre la délicatesse de ses nerfs à l'épreuve d'une révélation qui pourrait entraîner des suites funestes. Ici, du reste, rien ne peut me trahir. Elle ne verra que des trousses, des fioles, des préparations pharmaceutiques et pourra se croire chez un praticien de profession.

Là-dessus nous entrâmes, et je fis placer madame Von Rauchnitz sur un canapé dans la chambre de ma femme. Celle-ci était accourue pendant le dialogue que je viens de rapporter presque textuellement, et j'avais oublié de la présenter à mon hôte — oubli bien naturel en pareille situation ! Salomé, qui pratiquait les bonnes œuvres et la charité comme une sainte, comme la Dorcas de l'Évangile, m'aida avec le plus grand empressement à étancher le sang et à panser une blessure qui, heureusement, était légère.

Le colonel se montra touché, reconnaissant, et il nous remercia avec une véritable effusion de sensibilité. Son regard, ordinairement dur et sévère, s'était adouci et mouillé. Il se servit, pour parler à ma femme, de la langue allemande, et la pauvre recluse, la compagne de l'homme au manteau écarlate, éprouva une joie visible à causer, avec un compatriote, de cette ville de Berlin où nous nous étions connus et aimés — aimés pour toujours — et où un funeste hasard, une lamentable circonstance avait décidé de mon avenir... du sien. — Cruel caprice d'un sort contraire! ironique bienfait!... notre vie était un étrange composé de bonheur et de malheur, de félicité et d'infortune, mais celle-ci corrompait celle-là. Une sinistre inquiétude planait sur notre toit, troublait affreusement nos nuits, enténébrait nos jours : la crainte du lendemain!!

L'épée de Damoclès toujours suspendue sur ma tête, c'est *le glaive de la loi.* Le condamné à mort subit une atroce agonie morale, mais bientôt il ne souffrira plus : un coup de sabre ou de couperet va le délivrer. Pour le bourreau, le martyre recommence à chaque exécution nouvelle... et quel martyre! — Après le pansement, madame Von Rauchnitz ne tarda pas à s'assoupir; nous sortîmes sans bruit, et passâmes dans la pièce voisine, le colonel et moi.

— Est-ce ta femme, Steinmeyer, que nous laissons près de la mienne? demanda l'officier prussien.

— Oui, monsieur, la bonne et trop malheureuse Salomé, l'ange de l'abnégation, du dévouement sans borne, de la consolation. Elle allège ma peine et l'augmente en même temps, car, en dépit de la contrainte qu'elle s'impose, je devine qu'elle souffre cruellement, qu'elle se fait violence pour paraître calme, pour sourire, pour m'exhorter à la patience, à la résignation, à la soumission, pour me donner du courage... et me persuader qu'elle n'en manque pas... O chère infortunée ! — Ce fut l'imprudence de mon amour qui me fit commettre la faute dont l'expiation est si terrible.

— Pauvre ami, dit le colonel, le châtiment me semble trop rigoureux. Pourquoi t'ai-je livré aux vengeances de la justice militaire. Cette sévérité sera le remords de ma vie tout entière, crois-le bien. »

Il se leva et fit quelques pas en se détournant pour me cacher son émotion poignante. Je le vis essuyer furtivement une larme. Étant revenu s'asseoir à côté de moi, il mit la main sur mon bras, le serra fortement et dit :

— Va, ne désespère pas, mon brave Steinmeyer, et compte sur moi désormais comme sur un ami jaloux de réparer le mal qu'il a fait. Ecoute : je ne suis pas sans quelque crédit à la cour et j'en veux user sans retard pour mettre un terme à ta misère, pour t'arracher à cette atroce condition. Prends acte de ma promesse. J'irai me jeter aux pieds du roi notre auguste maître. Je le supplierai de t'octroyer des lettres de grâce, de te donner un successeur. Aie confiance. C'est la Providence, c'est la justice de Dieu qui m'amène ici. Elle veut que tu sois délivré, sauvé, racheté par celui-là même qui t'a perdu. »

D'un cœur pénétré, je remerciai le colonel. En cet instant ma femme entra. Elle venait annoncer que le sommeil de la blessée continuait et qu'il était fort calme.

— Chère amie, lui dis-je, voici le colonel Von Rauchnitz, — autrefois mon capitaine, — qu'un hasard étrange, ou plutôt providentiel — amène sous notre toit qu'on ne visite guère. Il croit pouvoir nous tirer de l'abîme, mettre fin à notre supplice...

— Je suis sûr d'y parvenir, interrompit le voyageur. Maintenant l'espérance t'est permise.

— Il ira implorer la clémence royale, repris-je, il pense que cette démarche, — pleine d'humanité, —

aura un plein succès... Ah! Salomé! ma Salomé!..
Nos larmes coulaient librement. Nous en mouillâmes
les mains du colonel.

IX

Depuis ce jour nous nous reprîmes à l'espérance avec
une ardeur insensée. Nous étions jeunes, c'est-à-dire
accessibles à l'illusion, nous nous aimions; rien dans
nos natures qui ne fût bon et honnête; comment
croire à la persistance du malheur, à une destinée
opiniâtrement funeste, à un éternel abandon?.. Non,
cela ne se pouvait pas!.. Je perdis, pendant quelque
temps, l'habitude dégradante de l'ivrognerie, habitude qui, j'en fais l'aveu, m'avait rendu mon ancienne
violence et ajoutait aux souffrances intimes de mon
angélique compagne dont la santé s'altérait visible-
ment, dont le teint et les yeux avaient perdu tout
éclat, dont les traits avaient contracté une expression
de fatigue, de langueur maladive, de morne abattement. Mon esprit se complaisait en une sécurité
trompeuse. Les assises criminelles ne devaient s'ou-

vrir que dans trois mois. Avant cette époque j'aurais ma grâce. Le colonel m'avait promis de présenter sa requête sans nul retard et il ne doutait pas un seul instant du succès de cette démarche. Ces trois mois ont été la période la plus calme, la plus heureuse de ma vie depuis les années riantes de ma blonde enfance, durant laquelle rien n'eût pu faire présager un avenir si tourmenté, si sombre, si fatal... Je ne me rendais plus au *pavillon des suppliciés*, je m'étourdissais, au point d'oublier presque ma détestée condition. Les crânes des victimes de la loi moisissaient en paix sur leur tablette et le redoutable glaive se rouillait dans son fourreau de cuir noir.

Une atmosphère essentiellement calmante exerçait, sur mon âme rassérénée, sa douce et salutaire influence. Jamais, auparavant, je n'avais goûté si bien le chant des oiseaux, le parfum des fleurs, le charme de nos sites. — Extase, amour, ravissement, poésie intime, prière du cœur, vous me remplissiez alors tout entier... mais ce ne fut qu'un court intermède dans le drame de ma lugubre destinée, et cette époque d'apaisement, de quiétude décevante, de rêve enchanté ajouta, par le contraste, à l'horreur du réveil. La douce erreur d'un instant me rendit la réalité plus affreuse, plus insupportable ; par moments, perdant l'espoir, je maudissais naguère, dans ma rage impie, les heures dérobées aux pensées sinistres, aux sombres anxiétés. N'était-ce pas de la démence, de l'ingratitude envers le ciel ? — N'aurais-je pas dû, au contraire, le bénir de ce répit ? Trois mois de tranquillité, de pensées sereines, de pur bonheur, n'est-ce donc rien que cela ?..

En ce temps-là, Salomé donna le jour à une adorable créature que nous nommâmes Bertha.

Je m'étonnai qu'un si joli petit être, qui avait dans ses yeux un reflet du ciel bleu, fût l'enfant d'un réprouvé, d'un maudit, d'un bourreau. Je pleurai de joie... et aussi de pitié. Quel pouvait être, dans ce monde où règne le préjugé barbare de la naissance, quel pouvait être le sort de notre Bertha bien-aimée ? Ma femme souriait à travers ses larmes en contemplant la charmante fillette endormie dans un berceau tendu d'étoffe blanche et rose. Je voyais bien que son bonheur était mêlé d'amertume. Le rire de Salomé avait quelque chose de forcé, de convulsif et se terminait invariablement par un sanglot. — Quoi de plus déchirant ! Je m'efforçais de la réconforter et de lui faire partager la confiance qui alors me soutenait, mais son cœur était à jamais flétri. Elle secouait la tête d'un air incrédule et profondément découragé quand je lui disais, en appuyant ma tête sur son épaule : — Courage, amie! comptons sur Von Rauchnitz. L'avenir nous garde des consolations, des dédommagements... il nous les doit. Nous quitterons pour toujours ce pays, nous dirons adieu sans regret à l'Europe, où nous avons tant souffert ! — En Amérique ou en Australie, sous un autre ciel, dans une autre atmosphère, dans un autre milieu, ma fille chérie ignorera toujours ce que fut son père. Nous changerons de nom, s'il le faut ; ma tache de sang ne l'atteindra point. Oui, Salomé, une vie active et laborieuse, de vives impressions nous feront oublier peu à peu Berlin et Neuchâtel... Neuchâtel surtout! — Se souvient-on quand le soleil resplendit, quand l'air est bleu, des mauvais rêves d'une nuit d'orage? Courage, courage donc! La nuit va fuir, le jour va poindre... Hélas, je me trompais. — Un journal tomba par hasard entre mes mains,

Et le songe finit par un coup de tonnerre!

J'y lus, avec stupeur, que le colonel Von Rauchnitz tombé en disgrâce, peu de temps après son retour à Berlin, pour avoir tué en duel un officier que le roi affectionnait tout particulièrement, et n'ayant pu reconquérir la faveur du souverain, venait de se brûler la cervelle. Il avait fini en ambitieux désespéré, en courtisan éconduit.

J'avais pris le journal dans un café. Je rentrai chez moi en l'agitant avec fureur et en criant :

— C'en est fait... bourreau pour toujours, BOURREAU A PERPÉTUITÉ !

Que vous dirai-je de plus ?... Salomé, ma chère Salomé, ne put résister à ce choc et tomba dans une maladie de consomption, aggravée par d'autres commotions encore plus violentes...

Quant à moi je m'abandonnai au vice de l'ivrognerie et, dans mes accès de frénésie, je n'étais plus maître de moi ; ma brutalité sauvage ne respectait personne, — pas même l'ange que j'avais entraîné au fond de ma géhenne. L'excès du malheur avait fini par aigrir, exaspérer, ulcérer mon âme en troublant mon cerveau.

J'étais devenu fou et méchant ; j'avais pris en haine l'humanité tout entière. Je me sentais capable de commettre des crimes. Un odieux esprit de vengeance me possédait.

Aujourd'hui je cherche à racheter ces jours d'égarement impie, de révolte contre Dieu.

Ma femme avait voulu allaiter notre enfant, — fatale imprudence produite par le meilleur, le plus saint des sentiments : le pur amour maternel ! — Le lait de la malheureuse était corrompu : le chagrin, la douleur, l'avaient empoisonné... et Bertha mourut... Que pouvait-il lui arriver de plus heureux ? Quand un homme en manteau noir avait pris sous son bras le petit cercueil auquel nous avions mis une couronne de roses blanches mousseuses : — on emporte tout ce qui nous restait de joie, notre dernière espérance ! s'était écriée la pauvre mère en sortant d'une effrayante immobilité, d'une prostration complète, au revoir, Bertha ! au revoir, fille tant aimée !... tu n'as pas longtemps à m'attendre...

## X

Oui, je le répète : j'étais possédé par un désir de vengeance poussé jusqu'à la frénésie. Il y avait, en un lieu désert et sinistre, sur une éminence aride, un gibet féodal formé de deux piliers de pierre de vingt pieds de hauteur. On ne pendait plus, depuis longtemps, mais on avait conservé l'habitude de suspendre là les cadavres des suppliciés. Au sommet de ce Montfaucon neuchâtelois, des ossements desséchés et des chaînes rouillées bruissaient lugubrement à tous les vents de la terre et du lac.

Or, il advint que, le 31 décembre 1829, vers minuit, on entendit tout à coup une détonnation effroyable : c'était l'explosion d'une mine qui faisait sauter en éclats l'antique gibet. — Quelle main audacieuse avait mis le feu au baril de poudre, avait lancé cette protestation fulminante contre la peine de mort? — La mienne, messieurs, la main du bourreau!

Jamais, je crois, nos fanatiques royalistes, nos Neuchâtelois-Prussiens, qui flairaient dans l'air une révolution imminente, prochaine, ne furent plus consternés, et, en même temps, plus irrités. On s'émut dans le camp de l'étranger, on s'indigna, on réclama des mesures sévères, on cria que c'en était fait de l'État, de la famille, de la propriété, de l'Évangile, etc., et la justice dut se livrer à une enquête qui resta sans résultat. J'avais su prendre mes précautions. Les soupçons planèrent sur quelques patriotes exaltés, ennemis jurés de la domination prussienne, de l'aristocratie et de la peine capitale. Il leur fallut prendre la fuite et passer la frontière.

O bizarre inconséquence des passions humaines! je nourrissais de très-sérieux griefs contre la Prusse et son souverain qui était aussi le nôtre ; la révolution de 1830 éclate soudain, et Bourquin, à la tête de bandes d'insurgés, proclame la déchéance du monarque allemand, l'indépendance du canton-principauté et sa réunion *complète* à la Suisse, notre mère, notre commune patrie. Quelle occasion inespérée !... ne devais-je pas me mettre au service de la révolte la plus légitime qui fût jamais, assouvir mon ressentiment, combattre pour mon pays asservi, coopérer à son affranchissement qui eût assuré le mien ? — Eh bien, non... j'obéis à un sentiment de loyauté exagérée, chevaleresque jusqu'à la folie. Je prends, sans hésiter, le commandement des colonnes royalistes, — me souvenant qu'autrefois le bourreau de Berne était un capitaine, un guerrier respecté, — je saisis d'une main ferme et exercée la lourde carabine, — notre redoutable arme nationale ; — je paye bravement de ma personne, en maintes rencontres. La révolution est vaincue, terrassée, écrasée. Plus de bandes républicaines ! J'attache les patriotes prisonniers à la culasse des canons du roi et je les traîne dans les rues de la ville essentiellement féodale. — Étrange triomphe ! étrange triomphateur ! — Les chefs libéraux, à qui j'infligeais ce dur traitement, étaient L. Dubois, le docteur Rœssinger et l'avocat Petitpierre.

Le docteur fut enfermé dans une caisse, au plus profond de la tour-maîtresse du château : une véritable basse-fosse où l'eau filtrait de toutes parts. Le malheureux passa trois mois en ce cloaque horrible. Sa cage n'avait pas plus de quatre pieds de hauteur et, par conséquent, il lui était impossible de se tenir debout. Certes, Bonnivard souffrit moins dans la sombre crypte de Chillon.

Cependant l'impitoyable despotisme prussien dut reculer devant l'indignation de la libre Suisse. Crainte d'un coup de main, le captif fut enlevé nuitamment, un bâillon sur la bouche, et jeté dans le fort de Weizel où il resta... huit ans. Les vengeances de la tyrannie sont implacables !

Quant à Dubois et à Petitpierre, ils succombèrent aux tortures atroces du cachot. Mon valet les *encrotta* (c'est-à-dire les enterra) comme des chiens, pendant la nuit, au pied du mur du cimetière. J'avais fait acte de magnanimité, — j'ose le dire, — j'avais imposé silence à mes rancunes. Insensé ! triple insensé !... Je prétendais forcer la main, en quelque sorte, à la clémence royale, faire rougir les bourreaux du bourreau.

Mon calcul me trompa. Le dévouement que je montrai ne fit que river ma chaîne. On apprécia mon concours aveugle. J'avais été trouvé utile, tout d'abord, maintenant on me proclamait indispensable... Dans les conjonctures du moment, on avait besoin de mes services : de l'épée et du sabre.

En conséquence, plus d'espoir de libération, mais, en revanche, j'eus des amis ; les royalistes me choyèrent, me caressèrent, me firent fête. Mes compagnons d'armes étaient devenus mes compagnons de débauche. Le bourreau disparaissait sous l'officier.

Je cessai, dès lors, d'être un paria, un réprouvé. Je me vis entouré d'une sorte de considération. On connaissait, par expérience, mon dévouement, mon courage, mon intrépidité. J'eus des prôneurs, et, par conséquent, des envieux... des envieux, moi, le bourreau!!!

## XI

Vint la terrible affaire de la société de Clara Wendel, de Soleure, qui m'arracha à une longue inaction. Sept membres de cette association politique subirent, le même jour, la peine de mort. J'eus à trancher coup sur coup sept têtes !... Comme toujours, je demandai au vin la vigueur nécessaire pour accomplir l'épouvantable tâche qui m'était dévolue.

Les *connaisseurs* admirèrent ma force, mon sang-froid et ma dextérité...

En revenant de Soleure, théâtre de l'exécution, je passai par Anet où je couchai et où j'oubliai, sur la table d'une chambre d'auberge, la tête d'un des suppliciés que je destinais à ma collection.

Je vous laisse à penser l'horreur, l'effroi des gens de la maison à qui je ne m'étais pas fait connaître ! La police et la gendarmerie, soupçonnant un assassinat, se mirent aussitôt en campagne et se livrèrent à des recherches aussi actives qu'inutiles, dans toutes les localités des environs.

L'effroi de ma pauvre Salomé fut si grand, quand je parus devant elle, que, pour la première fois, elle s'enfuit, en poussant des cris, et courut se barricader dans sa chambre.

Ivre, accablé de fatigue, brisé par de violentes émotions, je me jetai tout habillé sur un lit et ne tardai pas à m'endormir. Jamais je n'oublierai le rêve hideux de cette nuit de fièvre. Toutes mes victimes, — fantômes décapités, — arrivèrent en funèbre procession, puis, se donnant la main, dansèrent, sous mes yeux, une ronde silencieuse. Chaque danseur, en passant devant mon lit l'arrosait d'une coupe de sang fumant, et cette coupe était faite de son propre crâne. La Mort, en personne, se tenait au milieu du cercle, exécutant, à l'aide d'un violon noir, des airs lugubres.

Le sang remplissait la chambre, il montait, montait toujours. Une lueur phosphorescente éclairait à demi cette scène fantastique... Je me débattais désespérément, le rouge liquide allait m'étouffer... Horrible angoisse ! — Enfin je me réveillai anhélant, trempé, non de sang, mais de sueur.

L'aube naissait. Un bruit de meubles brisés, de vociférations, de gémissements et d'éclats de rire se fit entendre dans l'appartement de ma femme. Pour y pénétrer, il fallut enfoncer la porte.

Salomé, échevelée, les yeux hagards, les vêtements en lambeaux, l'écume aux lèvres, s'agitait convulsivement, criait, chantait, riait, pleurait, grinçait des dents, prononçait avec volubilité d'incohérents discours.

La malheureuse était devenue folle. — On dut, pour paralyser sa fureur, lui mettre une camisole de force, et, huit jours après, elle mourut dans un accès de rage, dans une crise frénétique, à l'hospice des aliénés de Saint-Blaise...

## XII

Steinmeyer s'arrêta, couvrant de ses mains sa belle et mâle figure, contractée par une poignante douleur. Il lui fallut quelques instants pour se remettre et pouvoir reprendre son navrant récit :

— Il semblait, continua-t-il, que la colère d'en haut m'eût prédestiné à passer au creuset des plus cuisantes souffrances morales. Frappé de cette idée de fatalité, je ne me faisais pas faute de maudire le ciel, de lancer l'anathème à une destinée inexorable, de me livrer à mes appétits déréglés. Aujourd'hui, grâce à Dieu, je suis soumis et résigné, la repentance est entrée dans mon cœur. J'acquitte sans murmure, sans révolte, le tribut de maux qui me fut imposé. Les pensées religieuses m'ont sauvé de moi-même.

Ma vieille, ma bonne et respectable mère, n'avait pas eu de mes nouvelles depuis l'époque de mon emprisonnement à Berlin. Elle ignorait, par conséquent, que l'on m'avait condamné à subir la mort, puis à être son ministre. Je préférais passer pour un fils ingrat, dénaturé, que de l'instruire de ce qui était advenu. Mais il n'y a pas loin du Jura aux Alpes de Berne, et les journaux abondent en Suisse. Ma mère apprit tout, et le coup qu'elle reçut abrégea ses jours...

Pour faire diversion à de noires tristesses, je m'abandonnai de plus belle au vin, à la sensualité, à la goinfrerie ; je cessai de lire, d'étudier, de méditer, de prier, je repoussai loin de mon esprit malade les saines et fortifiantes pensées ; je devins ironique, amer, caustique, cyniquement railleur ; je passai mon temps à imaginer des bouffonneries sinistres. Ma gaieté factice, forcée, désordonnée, éclatait en boutades convulsives sous l'influence de l'ivresse et de la bonne chère, au sortir des restaurants et des brasseries. Je me fis, en peu de temps, la réputation d'un jovial compagnon, d'un buveur intrépide, d'un infatigable artisan de plaisantes mystifications, de drôleries originales. La chronique neuchâteloise a pris soin, — faute de mieux, — d'enregistrer fidèlement mes faits et gestes durant cette période d'égarement, de vertige et d'impiété haïssable.

Je vais vous conter quelques-uns de mes tours, non pour m'en faire gloire, mais dans le but d'adoucir un peu les lugubres impressions produites par cette désolante histoire. — Un mot, auparavant, du dévoué, du misérable acolyte qui, plus d'une fois, me servit de jouet et de pitre dans mes effrontées et publiques parades.

## XIII

L'exécuteur des *basses-œuvres*, autrement dit *valet de ville*, était un infirme de corps et d'esprit, un pauvre hère, du nom de Farnet. Cet homme qui rappelait assez les crétins du Valais, ne s'exprimait qu'avec difficulté, n'avait pas l'esprit lucide et se soutenait à grand'peine sur des jambes tordues et grêles. Sa fidélité égalait celle du chien barbet. Que n'avait-il l'intelligence de cet animal, capable, — l'éducation aidant, — de jouer aux dominos et de gagner les habitués du café Morand, à Lausanne !

La veille d'une exécution, l'idée me vint de faire une petite expérimentation physiologique et psychologique *in animâ vili*, et, ayant appelé mons Farnet, je lui dis d'un ton fort sérieux : — Viens ici, mon garçon, et écoute-moi... j'aurai de la besogne demain, mais je me défie de mes nerfs ; je crains, — je ne sais pourquoi, — de manquer d'assurance et d'adresse. Il serait bon que je m'exerçasse, que je fisse une répétition avant la pièce. Veux-tu me prêter... ou plutôt me *donner* ta sotte et vilaine tête?

— Volontiers, maître, — répondit Farnet avec une parfaite candeur. Prenez-la.

— Merci. Je n'attendais pas moins de ta complaisance, de ton amitié. — Assieds-toi sur ce tabouret et fais en sorte de rester immobile.

L'infirme s'étant assis de fort bonne grâce, je tirai du fourreau l'horrible sabre et l'essuyai de façon à ce qu'il le vît bien, puis je lui bandai les yeux et l'engageai à recommander à Dieu son âme. Il le fit, comme il convient, et dit :

— Maintenant, maître, je suis prêt...

— Adieu, Farnet, au revoir dans un monde meilleur !...

En parlant ainsi, je saisis un linge de toile qui trempait dans un sceau d'eau glacée, et, prestement, je l'enroulai trois fois autour du cou du valet-de-ville qui, se croyant décapité, tomba évanoui dans mes bras. Je lui fis reprendre connaissance à l'aide d'un vinaigre aromatique et lui dis en riant :

— Eh bien, mon enfant, que t'en semble ?

— Jamais, mon bon maître, répondit Farnet, je

n'aurais cru qu'on est ainsi quand on meurt[1]. »

La scène se passait dans mon cabinet de chirurgien-dentiste, près du marché. Elle avait pour témoins quelques amis désœuvrés, joyeux viveurs et piliers de taverne. Ils accueillirent par de bruyants éclats de rire la repartie plus que naïve de Farnet, lequel fit chorus avec les rieurs sans se rendre compte toutefois de ce qui s'était passé.

A quelque temps de là, une affiche placardée par mon ordre, annonça à toute la principauté qu'un coureur norwégien de première force parcourrait, à pied, en dix minutes, la distance qui sépare Neuchâtel de Serrière. — Notez qu'il faut une heure pour aller de la ville au village situé sur le bord du lac, et qui s'honore d'avoir été le lieu de l'impression de notre première Bible française. Le jour fixé pour la course, une foule compacte de curieux couvrait la route sur laquelle stationnait une voiture fermée. On voyait vaguement, à travers les glaces des portières, un homme accoutré à l'orientale et coiffé d'un turban.

Des quêteurs nombreux allaient et venaient recueillant l'offrande volontaire des spectateurs impatients. Quand ils eurent fini leur tournée et récolté force batz

---

1. Historique.

et demi-batz, j'ouvris une des portières, j'abaissai le marchepied et l'on vit avec stupéfaction sortir de la voiture, qui?... le boiteux et rachitique Farnet, lequel se mit bravement en marche clopin-clopant, faisant, à grand'peine, des pas de deux pouces. On rit... et on fut désarmé. Personne ne songea à se fâcher de la mystification. Il y a un grand fonds de bonhomie dans le caractère du peuple suisse. En certain pays, on nous eût immanquablement lapidés sur place, ou tout au moins conspués et couverts de huées.

Juché sur le siége de la voiture, comme un opérateur ambulant, je réclamai du silence et adressai un speech facétieux à la multitude ébahie. Je dis, en substance, pour finir, que j'avais imaginé cette fallacieuse convocation dans le but de procurer quelque argent à mon pauvre Farnet, qui manquait de bois, de linge et de vêtements. On était alors menacé d'un hiver rigoureux. L'expédient fut trouvé fort ingénieux et le bénévole public de Neuchâtel, qui sait pratiquer la charité et d'ailleurs vit dans l'aisance, loua mon procédé adroit et m'acclama chaudement. Ma popularité atteignit son apogée à dater de ce jour.

Voilà comment je cherchais à m'étourdir. Parfois j'y réussissais à souhait.

J'avais contracté l'étrange habitude de jouer avec

*le glaive de la justice* et je m'étais familiarisé tout à fait avec lui. — Quelle effroyable gaieté !... Autre plaisanterie du genre funèbre :

Un coiffeur de la ville, M. B., me ressemblait, au physique, d'une manière frappante, et comme il était du nombre de mes compagnons de table, cette ressemblance produisait fréquemment des quiproquos qui nous égayaient fort. Tantôt les pratiques du barbier, me rencontrant dans la rue, acquittaient dans mes mains leur abonnement mensuel, tantôt, par contre, on soldait à mon Sosie ce qui m'était destiné pour mes honoraires, car, — je vous l'ai dit, — j'exerçais la chirurgie et la médecine. Nous laissions faire, puis, mettant en commun nos recettes, nous les convertissions en fins soupers copieusement arrosés de cortaillod, — un vin rouge, mousseux et pétillant presque autant que le champagne.

Certain jour de foire, je fus accosté par un noir chaudronnier ambulant qui me pria de vouloir bien le *raser*. — Le mot me fit rire... dans ma barbe, et je conduisis l'Auvergnat à mon cabinet. Je lui présentai un siége, lui mis au cou une serviette et le barbouillai de savon jusqu'aux yeux ; puis, m'étant retourné, je dégaînai *le glaive de la loi* et me mis en devoir d'essuyer l'huile dont il était enduit.

L'enfant du Cantal, assis devant un miroir, voit la redoutable lame et mon sourire sardonique. Aussitôt il se lève éperdu, tremblant, épouvanté, saute sur ses casseroles, se sauve tout ensavonné, dégringole jusqu'au bas de l'escalier, à grand bruit de ferraille, et court sur la place du marché en criant : « A l'assassin ! à l'assassin ! » Un rassemblement se forme, on l'entoure, on le questionne et lui de répondre que le bourreau, par manière de plaisanterie, a voulu lui trancher la tête. Sa figure comique, son langage baroque, pur charabia de Saint-Flour, provoquent dans l'auditoire des rires immodérés.

J'applaudissais de ma fenêtre, à cette scène, vraiment burlesque, qui mit en belle humeur la ville et le canton de Neuchâtel pendant plusieurs jours.

On m'introduisait dans toutes les réunions bachiques et j'en devenais aussitôt l'âme, le boute-en-train par mes saillies, mes bons mots, mes chansons, mes *charges*, mes tours d'adresse, mes facéties et mes excentricités de tout genre. Mais, de même que les acteurs comiques condamnés, de par leur emploi, à rire sans cesse sur les planches, je me sentais, au fond, triste à mourir, et quand, seul dans mon ermitage, la réaction s'opérait, je me prenais à gémir, à pleurer, à sangloter. — Je n'ai pu trouver la paix, un

calme durable que dans la prière, les bonnes œuvres
et les sérieuses réflexions. Béni soit Dieu qui a permis
que je m'amendasse, que je rompisse avec les perni-
cieuses habitudes de la vie de garçon et les sociétés
d'intempérance ! Une maladie grave vint m'arracher
brusquement à un détestable milieu. Les gens de
plaisir, les libertins de profession, les *viveurs* passés
maîtres fuient tout ce qui attriste et fait réfléchir : la
misère, l'affliction, les maux du corps et de l'âme, la
mort. Donc je fus abandonné, oublié, délaissé de tout
le monde... Je me trompe : un digne pasteur vint me
visiter assidûment et me ramena par la douceur dans
le bon chemin. Le physique et le moral recouvrèrent
en même temps la santé. Le ressouvenir de ma mère,
de ma femme et de mon enfant fit le charme de ma
longue convalescence.

Depuis lors j'ai renoncé au vin, et, en ce moment,
messieurs, j'enfreins un peu l'engagement pris vis-à-
vis de moi-même. Je vais régulièrement au prêche,—
et il m'importe peu que mes anciens commensaux
m'appellent *momier*, c'est-à-dire bigot. — Je suis
devenu disciple du Christ, soldat actif de l'Évangile et
m'en fais gloire. C'est grâce à mon initiative que s'est
constituée une association philanthropique aujourd'hui
florissante. Chose bizarre, inouïe, sans précédent, le

bourreau est le fondateur et le président d'une société établie dans le but de réclamer L'ABOLITION DE LA PEINE DE MORT.

Que notre œuvre soit bénie et que le ciel, prenant enfin pitié de moi, mette fin à mon épreuve !

## XIV

Onze heures venaient de sonner au Molard. Nous accompagnâmes Steinmeyer, — dont je n'avais plus peur du tout, — jusqu'à l'entrée du riant faubourg des EauxVives, s'étendant le long du lac, au point de jonction des routes qui viennent du Chablais et du Faucigny. Là, il trouva, amarré à la digue, le batelet qui l'avait amené du bord opposé, c'est-à-dire du faubourg des Paquis, où il logeait chez un ami d'enfance.

Le Bernois, excellent rameur, aimait la navigation et surtout les traversées nocturnes qui ont tant d'attrait, tant de poésie, en été, quand l'atmosphère est calme et le ciel scintillant de ses myriades de constellations.

Cette nuit-là, l'air tiède s'imprégnait de l'exquise

senteur des foins, l'eau était immobile. Les lumières des côteaux riverains de Cologny et de Prégny, — couverts de villas et de châteaux, — commençaient à s'éteindre, mais le gaz des superbes quais de Genève étincelait sur deux longues lignes et se reflétait en tremblotant dans le large lit du Rhône limpide.

Ce spectacle nous frappa, nous saisit, et nous nous assîmes sur le parapet pour en jouir tout à notre aise. Ce que nous éprouvions, en ce moment, était du ravissement, de l'extase, mais il s'y mêlait un sentiment de profonde tristesse, et je ne sais quelle vague, quelle instinctive appréhension d'un événement sinistre, d'une catastrophe.

Il fallut enfin prendre congé de Steinmeyer qui, nous ayant serré la main cordialement, sauta dans sa *liquette*, saisit les avirons et s'éloigna du bord en nous criant adieu à plusieurs reprises. Nous le suivîmes du regard, aussi longtemps que cela fut possible ; puis nous regagnâmes la ville à petits pas, en nous entretenant de cette affligeante histoire dont le dénouement était plus prochain que nous ne le pensions... Le lendemain, on trouva sur le Rhône, près de Chancy, un batelet vide flottant à l'aventure, et on reconnut que c'était celui de Steinmeyer ; mais, depuis lors, on ne revit plus cet homme si cruellement éprouvé, ce martyr doué d'aptitudes intellectuelles, de qualités morales et de sentiments humains tout-à-fait incompatibles, à ce qu'il semble, avec la profession de bourreau.

Je ne saurais m'arrêter, quant à moi, à la supposition d'un suicide. Steinmeyer était essentiellement spiritualiste et religieux. La résignation avait succédé à la révolte, aux funestes accès de désespoir qui poussent à se donner la mort. Il faut croire que le sommeil le surprit, durant la traversée, qu'il tomba sur un des côtés du batelet vacillant, le fit chavirer et se noya sans le vouloir.

Si l'infortuné eût pu atteindre le 8 juin 1854, il aurait vu se réaliser son vœu le plus cher.

Ce jour-là, un vote mémorable du Grand-Conseil neuchâtelois, rendu sous la pression toute-puissante de l'opinion publique, abolit définitivement la peine de mort.

FIN

IMPRIMERIE L. TOINON ET Cⁱᵉ, A SAINT-GERMAIN.

www.ingramcontent.com/pod-product-compliance
Lightning Source LLC
LaVergne TN
LVHW051509090426
835512LV00010B/2433